Inhalt

Für die fachliche Beratung und Durchsicht des Manuskriptes danken wir Gabriele Neumann, Wildkatzenexpertin der Naturschutzinitiative e.V. (NI), sehr herzlich. Harry Neumann, Vorsitzender der NI, danken wir für die Fotos auf den Seiten 12, 31, 32 unten.

Fotos:
Über shutterstock Seite: 2 u.: Peter Fodor; 3: Martin Mecnarowski; 6/7: Klimek Pavol; 6u: belizar; 10/11: SusaZoom; 10: slowmotiongli; 11, 37 ul.: davemhunt-photography; 13 ul.: Hector Ruiz Villar; 14 l.: Hector Ruiz Villar; 14 ur.: Oleksandr Filatov; 14 or.: kuban_girl; 16/17: Dominique Gora; 16 u.: PhotocechCZ; 17u.: Txanbelin; 18/19: Lillian Tveit; 20/21: andreiuc88; 21 u., 27 ur., 36 o., 37: Bildagentur Zoonar GmbH; 22 ul.: Monika Surzin; 22 ur.: Hanna Knutsson; 23 o.+u., 24 ul., 26 or., 27 l., 36, 39 ur. : WildMedia; 24/25: Jesus Giraldo Gutierrez; 24 r.: Rudmer Zwerver; 25 ol. Peter Gudella; 25 ul.: Agami Photo Agency; 26 ul., 28o., 33 ur.: Stefan Simmerl; 27 or.:Tomas Hulik ARTpoint; 28 u., 29 u.+o. : imageBROKER.com; 32/33: Axel Redder; 33 ul.35 ol.+r. + ul.: Libor Fousek; 35 ur.: Ondrej Chvatal; 39 ul.: Simon Baylis;40/41: skapuka; 41 o.: Ondrej Prosicky; 41 M.: Menno Schaefer; 41 u.: Martin Prochazkacz; 42 ul.: rumka_vodki; 42 or.: Andrea Izzotti; 42 ur.: mariesacha; 44/45: Rudmer Zwerver.
Über Wikipedia Commons: Seite: 7 u., 9, 34 ul.: Peter Trimming; 6 ur.; 42 ol.: Michael Gäbler; 42 ol.: Freyja_by_Emil_Doepler; 43 l.: Bernard DUPONT.
Seite: 1/2, 12/13, 34/35;43 ur.:Andreas Fischer-Nagel, Seite 39 or.: Dr. Diethelm Rabe; Seite 38: Wildpark Bad Mergentheim; Seite 8: BUND Karte

Natur schutz INITIATIVE

Brunnenstraße 7, D-34286 Spangenberg
Tel.: 05663-280, Fax: 05663-6562
E-Mail: fischer-nagel@t-online.de, URL: www.fischer-nagel.de

Druck und Bindung:
Grafisches Centrum Cuno GmbH & Co. KG, Calbe

ISBN 978-3-930038-76-3

Heiderose und Andreas Fischer-Nagel

Wildkatzen

Zurück auf leisen Pfoten

Verlag Heiderose Fischer-Nagel

»Kleiner Mäusetiger« in unseren Wäldern – die Europäische Wildkatze

Was für ein schöner Frühlingstag. Mit dem Hund streife ich über die Wiesen rund um unser Dorf. Auf einmal stutzt er. Sein Blick richtet sich in die Ferne. Dort am Waldrand hat sich etwas bewegt. Ganz ruhig bleiben wir stehen. Das Tier am Waldrand auch. Einander fixieren wir uns. Plötzlich läuft es los. Es ist eine Katze! Eilig rennt sie zum Wald, gleich wird sie im Unterholz verschwinden. Ein schneller Blick durchs Fernglas bringt Gewissheit, ehe sie verschwindet: Das war keine Hauskatze!
Ihr Fell sah viel zu verwaschen grau-braun aus, die Beine recht lang, das Tier stämmig, der Schwanz zu dick und länger als bei einer Hauskatze, kräftig geringelt mit schwarzer Spitze: Es war eine Wildkatze!
Eilig laufen wir zum Waldrand. Ob wir sie noch einmal sehen? Der Hund schnüffelt aufgeregt. Aber natürlich ist die Wildkatze längst verschwunden.

Im Frühjahr ist es besonders schön im Wald. Das Licht flutet warm bis hinunter auf den Waldboden, wo inzwischen die Buschwindröschen, Leberblümchen und Märzenbecher blühen. Es riecht feucht, und an manchen Stellen, dort wo der Wald dunkler ist, ist es noch ziemlich kalt. Vielleicht saß die Wildkatze deshalb am Waldrand und hat sich ein wenig in der Sonne gewärmt. Als wir an die Stelle kommen, entdecken wir nur die Spuren der Katze im feuchten Waldboden.

Wildkatzen brauchen Ruhe und heimliche Wege

Die Wildkatze ist eines unserer besonders heimlich lebenden Wildtiere. Deshalb ist es ein großes Glück, die Einzelgängerin auf ihren Streifzügen durch unsere Wälder zu entdecken.
In Deutschland leben zurzeit 6 000 bis 9 000 Wildkatzen, hauptsächlich in Hessen, Nordrhein-Westfalen, Rheinland-Pfalz und in anderen waldreichen Gebieten.
Natürlich leben Wildkatzen nicht nur bei uns in Deutschland. Sie sind in Europa, außer in Skandinavien, Island und Irland verbreitet, aber auch in Teilen Kleinasiens und im Kaukasus.
Bis vor 150 Jahren gehörten Wildkatzen zur Tierwelt unserer Wälder. Sie sorgten dafür, dass sich die Mäuse nicht zu sehr vermehrten.

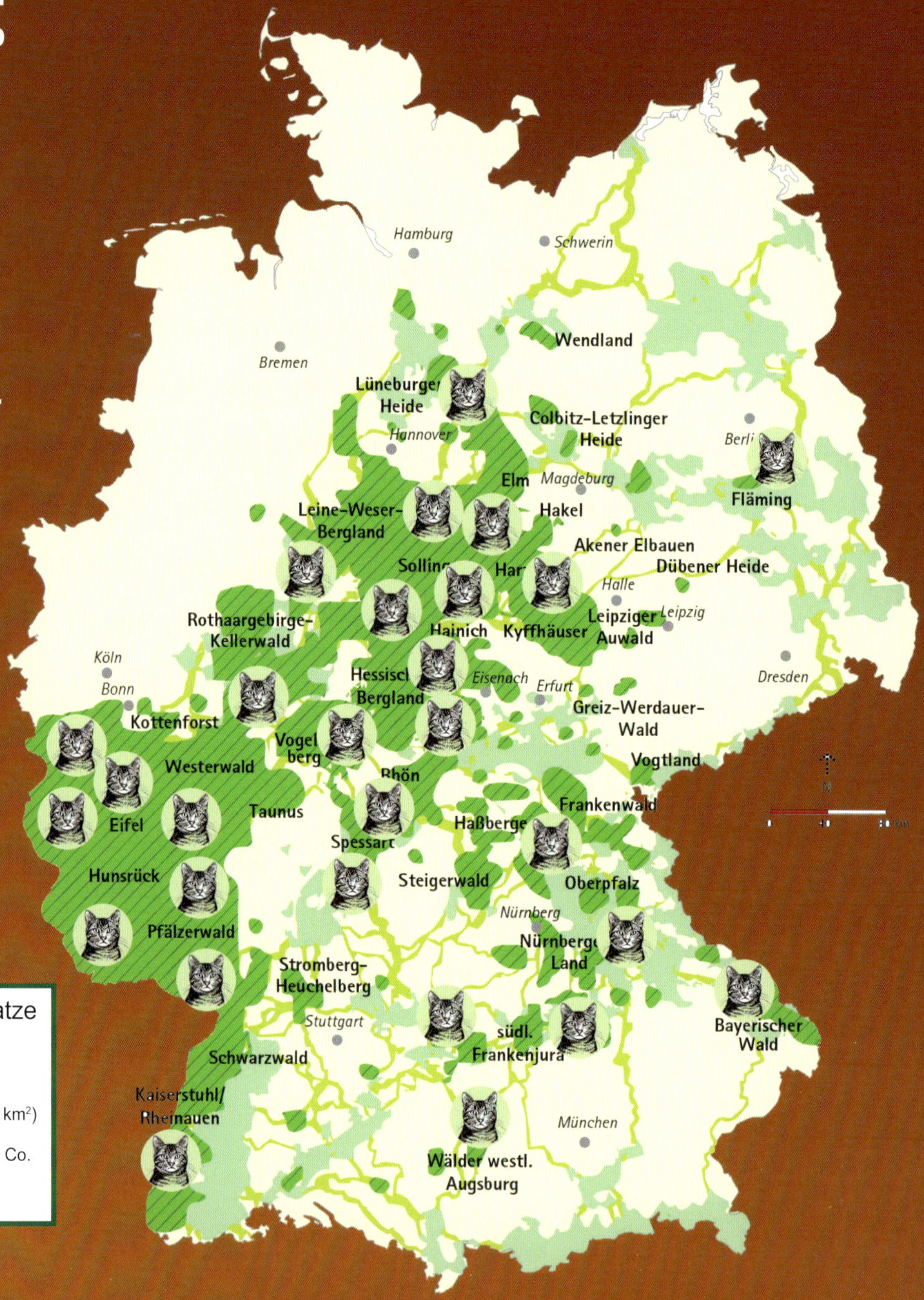

Verbreitung der Europäischen Wildkatze
(Nachweise 2008 - 2020)

- Wildkatzenverbreitungsgebiete
- geeignete unbesiedelte Lebensräume (>500 km²)
- benötigte Waldverbindungen für Wildkatze & Co.

Mit freundlicher Genehmigung des BUND

Jäger sagten ihnen nach, hauptsächlich Vögel, Hasen und sogar Rehkitze zu jagen – deshalb seien sie Schädlinge. Seit 1934 ist die Wildkatze in Deutschland geschützt und breitet sich langsam wieder aus. Ihre perfekte Tarnung dient ihr dabei zum Vorteil.
Doch Tarnung allein reicht nicht aus. Sie braucht undurchdringliche, störungsfreie Waldbiotope, um zu leben, sich zu paaren und Junge aufzuziehen.

Der ideale Wildkatzenwald besteht aus Laubmischwald mit dichten Hecken, viel Unterwuchs mit Kräutern und Sträuchern, liegen gelassenem Totholz, alten Bäumen mit Höhlen, dichtem Unterholz mit zahlreichen Verstecken, sonnigen Lichtungen und Waldrändern. Die Nähe zu Wasser, feuchten Wiesen und Sümpfen ist notwendig.

Über grüne Brücken muss sie gehen!

Ein intakter Lebensraum ist wichtig für die Paarung und Fortpflanzung, zum Aufsuchen neuer Nahrungsgründe und um einen Unterschlupf zu finden.

Dringend notwendig für den Lebensraum der Wildkatze ist die Vernetzung der Wälder. Meist sind sie durch landwirtschaftliche Flächen unterbrochen oder durch Autobahnen und Schnellstraßen zerschnitten. Damit die Wildkatze und andere Tiere von einem geeigneten Lebensraum in den anderen gelangen können, sind Verbindungsstreifen aus Feldgehölzen und Hecken erforderlich.

Vorsichtig schleicht sich die junge Wildkatze an die Autobahn mit ihren lärmenden Autos an. Entdeckt sie die »grüne Brücke«, kommt sie gefahrlos von einer Seite zur anderen.

Sogenannte grüne Brücken ermöglichen dem scheuen Tier das unbemerkte Wandern in andere Waldgebiete. Das Leben der Wildkatze braucht Verbindung, Austausch und Bewegung zwischen den Lebensräumen.

Doch wie oft wird ihr Wohngebiet empfindlich gestört: Gerade nach den trockenen Sommern und dem Borkenkäferbefall der Fichten wird in den Wäldern lautstark gearbeitet. Riesige Maschinen fällen die kranken oder vertrockneten Bäume und fahren sie ab. Es knallt und kracht im Wald. Keine Chance mehr für die scheue Wildkatze. Eilig macht sie sich auf und davon!

Der erfahrene Kater wittert auf der anderen Seite die junge Katze. Zum Glück wird er nicht die gefährliche Straße überqueren. Er kennt den Weg über die Brücke.

Perfekt getarnt

Eine Wildkatze ist ein tolles Tier. Wenn du erst einmal eine gesehen hast, kannst du sie gut von einer Hauskatze unterscheiden:

Die Wildkatze hat dichtes, etwas längeres, graubraun verwaschenes Fell. Es ist so dicht, dass sie bei Regen und Kälte bestens geschützt ist. 5 500 bis 24 000 einzelne Haare sind auf einem einzigen Quadratzentimeter zu finden, einer Fläche so groß wie vier Rechenkästchen. Im Winterpelz sind es sogar bis zu 30 000 Haare.
Über ihren Rücken verläuft ein schwarzer Aalstrich, der an der Schwanzwurzel endet. Der Schwanz ist nicht sehr lang, aber sehr buschig, kräftig geringelt und am stumpfen Ende schwarz. Sie ist deutlich kräftiger und langbeiniger als eine Hauskatze, obwohl sie ungefähr das gleiche Gewicht erreicht, nämlich vier bis sechs Kilo.

Vielleicht hast du Glück und kannst in ihr Gesicht schauen. Der Nasenspiegel ist deutlich heller, richtig rosafarben, und ihre Schnurr- und Tasthaare, die sie für ihre Orientierung im Nahbereich braucht, sind dick und weiß. Manche haben einen weißen Kehlfleck.
Die Stirn hat ein ausgeprägtes, individuelles Muster. Unter den Füßen fallen schwarze Sohlenflecken auf. Die Pfoten hinterlassen im Schnee den gleichen Abdruck wie den der Hauskatze. Im Gegensatz zu Hund oder Wolf zeigen sie keinen Krallenabdruck.

Spitze Krallen, scharfe Zähne

Mit ihren 18 Krallen vermag die Wildkatze blitzschnell auf Bäume zu klettern oder ihre Beute zu packen.
Als Zehengänger läuft sie auf leisen Pfoten. Sie tritt nur mit den Zehen, nicht mit dem Ballen auf. Im Ruhezustand hat sie die Krallen entspannt eingezogen, aber wie schnell werden aus den weichen Samtpfötchen gefährliche Waffen!

Im Sprung auf das Beutetier fährt sie die spitzen, rasiermesserscharfen Krallen aus und packt zu. Damit sie so scharf bleiben, kratzen Katzen regelmäßig an rauen Baumrinden und anderem.
Da ihre Krallen beim Laufen eingezogen sind, nutzen sie sich auch dadurch nicht ab und werden stumpf, wie zum Beispiel bei Hunden.

Geschmeidig und elegant

Jede Katze, egal welcher Art, sieht stolz und elegant aus. Ihre Bewegungen sind geschmeidig, ihre Sprünge von unendlicher Leichtigkeit. Dank der Elastizität ihres Körperbaus und stabiler Knochen sowie durch geschickte Körperdrehungen landet eine Katze selbst bei Stürzen aus größerer Höhe abgefedert auf ihren vier Pfoten. Sie bewegt sich geduckt und schlangengleich schnell über den Waldboden, kein Knacken, kein Rascheln verrät die geschickte Jägerin.

Im Raubtiergebiss der Katze dienen die spitzen, langen Fangzähne dem Packen der Beute. Beim Biss in den Nacken des Beutetieres bohren sich die Eckzähne wie Dolche in das Opfer. Die größten hintersten Backenzähne, die Reißzähne, zerschneiden dann die Beute in grobe Stücke.
Während die Hauskatze langsam frisst, neigt die Wildkatze eher zum raschen Hinunterschlucken der Beute. Erst wenn sie älter und erfahrener ist, achtet sie darauf, die Galle und den Magen nicht mit zu verspeisen.

Achtsam durchs Revier

Achtsam streift die kleine Lauscherin durch ihr Gebiet. Ihre Ohren nehmen die leisesten Geräusche war. Zum Beispiel Mäuse, die durch ihre Gänge flitzen und gleich vorwitzig und eben unachtsam aus ihrem Loch schauen werden. Sie ahnen ja nicht, dass die Katzenfeindin nur darauf lauert. Mucksmäuschenstill, bewegungslos sitzt sie vor dem Loch und wartet auf ihre Beute. Schaut das Mäuschen heraus, schlägt sie blitzschnell zu. Zwölf Mäuse pro Tag sollten es sein.

Wildkatzen sind wie alle Katzen überwiegend nacht- und dämmerungsaktiv. Der Abend, die Nacht und die Morgendämmerung bringen die größten Jagderfolge. Mittags und nachmittags ist Ruhen und Dösen angesagt. Ein Bad in der Mittagssonne lässt sich eine Katze dann doch nicht entgehen.

Das Streifgebiet der Wildkatze erstreckt sich über eine Fläche von 300 bis 1000 Hektar. Ein Kater, den Jäger »Kuder« nennen, benötigt noch mehr Raum. Sein Wohngebiet überschneidet sich manchmal mit denen verschiedener Weibchen. Damit kein Konkurrent das Gebiet beansprucht, markieren Wildkatzen mit Duftmarken das Revier. Aus verschiedenen Körperdrüsen am Schwanz und am After, sogar an den Fußsohlen, zwischen den Zehenballen, sondern sie Duftstoffe ab. An Büschen und Bäumen hinterlassen sie Kratzmarkierungen, Haare oder ihren Urin, sodass ein duftender, teils unsichtbarer Zaun ihr »Anwesen« umgibt.

Warum entscheidet sich eine Wildkatze für ein Gebiet? Das ist davon abhängig, ob sie genügend Futter findet. Es ist auch nicht so, dass sie es schaffen würde, alle verfügbaren Mäuse, groß oder klein, zu fressen. Es stellt sich ein »Räuber-Beute-Gleichgewicht« ein. Die Natur regelt also die Anzahl der Jäger und Beutetiere auf ganz natürliche Weise, und wir müssen uns darum keine Sorgen machen, solange wir nicht selbst in die Natur eingreifen. Dort, wo der Mensch eingreift, gerät die natürliche Zusammensetzung der Tiere und Pflanzen durcheinander. Allein deshalb sollten wir achtsam mit der Natur umgehen.

Lebensraum Wald

Warst du schon einmal ganz frühmorgens im Wald, wenn von der Nacht die Blätter noch feucht sind, der Waldboden duftet und der Wind sanft durch die Blätter raschelt? Der Vogelgesang ist laut und deutlich zu hören – es ist nicht nur schön, sondern auch spannend mit all den uns umgebenden Gerüchen und Geräuschen.
Der Wald ist eben einzigartig, aber für viele Menschen auf den ersten Blick »nur« ein Erholungsraum.
Erst beim zweiten oder dritten Blick sehen sie das Besondere.
Im Wald gibt es so viel zu entdecken. Dazu sorgt er noch für viel Sauerstoff und damit für ein besseres Klima auf der Erde. Wir atmen im Grunde gut, weil Pflanzen weltweit ständig für uns arbeiten. Geht der Wald kaputt, wo auch immer, dann haben wir bald nicht mehr genug Sauerstoff zum Leben.
Leben wir nachhaltiger und schonen unsere Umwelt, gehen wir sparsam mit den Rohstoffen unserer Erde um, tun wir alle etwas für das Klima.

Waldkauz

Buntspecht

Sperber

Feuersalamander unter Rotkappe

Rote Waldameisen

Baummarder
Bechstein Fledermaus in Höhle
Eichhörnchen
Eichelhäher
Zaunkönig
Luchs
Wildschwein
Rehkitz
Fuchs
Grasfrosch
Steinpilze

Superfeine Sinne

Die Augen der Katzen erkennen nicht so viele Farben wie unsere, aber sie sehen alles im Hell- und Dunkelbereich viel schärfer. So erkennen sie eine in 100 m Entfernung durchs Gras huschende Maus noch deutlich. Das ist typisch für Jäger, die unterwegs sind, wenn wir schlafen. Die Pupillen der Augen verengen sich bei großer Helligkeit zu schmalen Sehschlitzen. Bei Dunkelheit werden sie groß und weit, mehr Licht erreicht dadurch die Sinneszellen. Nun kann die Katze, die mehr Sehsinneszellen hat als wir, hervorragend sehen. Durch ihre nicht nur ganz nach vorne gerichteten, großen Augenhöhlen sieht sie außerdem einen größeren Bildausschnitt. Katzen können sozusagen noch ein wenig über die Schulter nach hinten sehen.

Wenn es ganz dunkel wird, weder Mond noch Sterne scheinen, nutzt sie ihre Tasthaare (Vibrissen) zur Orientierung. Mit ihrer Hilfe spürt die Katze Hindernisse und weiß, wenn sie irgendwo schnell hineinschlüpfen will, ob die Öffnung auch groß genug für ihren Körper ist.
Die Nase ist sehr fein. Katzen »riechen« sofort, wenn eine fremde Katze ihr Revier betreten hat. Die Düfte der Umgebung verraten ihr, wo Mäuse wohnen, ob ein Fuchs- oder Dachsbau besetzt oder vielleicht frei ist. Sie nimmt tote Tiere wahr und eingedrungene Artgenossen, die paarungsbereit sind.

Die Ohren, geschützt durch lange Haare, sind wie kleine Satellitenschüsseln und nehmen feinste Schwingungen und Geräusche wahr. Sie bewegen sich fast ständig und richten sich nach empfangenen Geräuschen aus. Selbst im Schlaf stehen die Ohren auf »Empfang«. Katzen lieben leise Töne und verstecken sich fluchtartig, wenn es laut wird.

Mit ihren empfindlichen Sohlen und den Tasthärchen an den vorderen Fußsohlen entgeht ihnen keine Bodenschwingung.

Tolle Jäger

Dank ihrer extrem feinen Sinne sind Wildkatzen hervorragende Jäger und sie wissen ihre Waffen, Krallen und Zähne, schnell einzusetzen.
Natürlich gehört zur erfolgreichen Jagd das Anschleichen und Belauern. Diese Jagdtechnik wird deshalb auch als »Lauerjagd« bezeichnet. Solche Tiere sind außerordentlich mutig, die Beute ist es aber manchmal auch.
Versucht eine Jägerin zum Beispiel ein Rattennest auszunehmen, muss sie damit rechnen, dass sich ihr die ziemlich große, wehrhafte Rattenmutter in den Weg stellt. Das Überleben ihrer Jungen ist wichtig. Instinktmäßig greift sie an, um ihren Wurf zu retten. Eine Ratte kann sehr wehrhaft und gefährlich sein. Beißt sie erfolgreich zu, entzünden sich die Bissstellen und führen nicht selten zu einer Blutvergiftung.
Andere Beutetiere hoffen, der Jägerin durch Flucht zu entkommen. Ist nicht das Mauseloch unmittelbar erreichbar, ist das Wegrennen sinnlos. Blitzschnell ist die Maus in den Fängen der Katze.
Ein Beutetier entscheidet sich beim Anblick der Jägerin entweder für Flucht, Verteidigung oder das Totstellen.
Während im Sommer der Tisch mit Mäusen reich gedeckt ist, leiden Wildkatzen im Winter oft Hunger. Sie versuchen Kaninchen zu fangen. Selten erwischen sie ein flinkes Eichhörnchen, denn diese kommen

Und manchmal muss die Beute oder der Fund auch noch gegen andere hungrige Schnäbel verteidigt werden, wie hier gegen die Elstern.

im Winter nur sehr selten aus ihrem gemütlichen Kobel. Dort, wo die Schneedecke sehr dick ist, fällt das Jagen schwer oder ist fast unmöglich. Frisst sie nicht 100 - 200 Gramm Fleisch täglich, magert die Katze ab. Zur Not bleibt ihr nur, widerwillig ihren Hunger an toten Tieren zu stillen.

Die Wildkatze wird sich zwar nicht in die Nähe des Menschen wagen, aber wildernde Hauskatzen könnten ihr in dieser Zeit nahe kommen. Dann ist sie noch mehr Gefahren ausgesetzt. Es kommt möglicherweise zur Übertragung von Krankheiten.

Das Problem beim Fund toter Tiere, also Aas, ist der Frost. Die gute Nahrung, wie hier der tote Hase, ist steinhart gefroren und die Katze kommt weder an das Fleisch noch an die nahrhaften Innereien heran.

Am liebsten frische Mäuse

Ob Waldmäuse, Gelbhals-, Rötel-, Scher- oder Wühlmäuse – die Wildkatze ist nicht wählerisch. Ab und an stehen auch Bilche, Kaninchen, Eichhörnchen, Eidechsen, Fische, Frösche und Insekten auf ihrem Speiseplan.

Aas fressen Wildkatzen nur zur Not im Winter. Obwohl der Speiseplan abwechslungsreich ist, kann die Nahrung manchmal knapp sein. Schließlich müssen Wildtiere immer mit anderen Beutegreifern teilen. Die Katze frisst schnell, sie kaut meist nicht lange auf dem Beutetier herum, verschlingt es mit Haut, Haar und Knochen. Nur die Galle bleibt gelegent-

Um einen ausgewachsenen Eichelhäher zu erbeuten, muss die Wildkatze schon kräftig und sehr erfahren sein, denn diese Vögel sind extrem vorsichtig.

Viele Waldmäuse sind ziemlich unvorsichtig.

lich übrig. Ein instinktives Verhalten, denn die Galle enthält häufig Krankheitskeime. Sogar unsere Hauskatzen legen uns manchmal die Galle ihrer Beutemaus vor die Tür. Kein Geschenk für uns, sondern ein angeborenes »Gesundheitsbewusstsein«. Was eine Katze verspeist hat, können Spezialisten an ihrem Kot, der Losung, erkennen.

Hast du schon einmal beobachtet, dass Katzen Gras fressen? Gras ist ein echtes Spuckmittel, mit dem die Katze Haare und Unverdauliches aus dem Magen hochwürgt und ausspuckt.

Gelegentlich wird eine mit der Futtersuche beschäftigte, unaufmerksame Amsel (oben) gefressen. Eine aus ihrem Erdbau gekommene Feldmaus (unten), ist eine leichte Beute.

Kurze Liebe

Ende Januar/ Anfang Februar dringen gespenstische Geräusche aus dem Wald. Der Wildkatzenkater, der Kuder, ist auf Brautschau.
Klagend klingt sein Ruf, während er der Spur der Kätzin folgt. Interessiert nimmt er ihren Geruch auf. Die Kätzin ist rollig, paarungsbereit und lockt mit einem ganz besonderen Duft. Er ist weit gelaufen und hofft, sich erfolgreich paaren zu können. Doch wehe, wenn es auch ein anderer Kater auf die Kätzin abgesehen hat!

Die Kätzin hat beide längst entdeckt. Gespannt sitzt sie in einer Schneemulde oder unter einem Busch, um den Streit zu beobachten.
Anfänglich zeigen die Kater eine beeindruckende Schau: Sie machen einen Buckel, sträuben das Fell, damit sie größer aussehen. Der ebenfalls gesträubte Schwanz peitscht hin und her, die Ohren werden wütend angelegt.
Dann geht es richtig los: Fauchend und kreischend springen sie aufeinander zu. Ein sich durch den Schnee kugelndes Fellknäuel. Es fliegen buchstäblich die Fellfetzen. Dann sitzen sie wieder voreinander und jaulen sich »giftig« an.

Derweilen hat sich ein dritter Kuder hinzugesellt. Erfahren und überlegen sitzt er unter einem Strauch. Er lässt sich einschneien und betrachtet die Raufbolde – vielleicht wird er der lachende Dritte, der sich mit der Kätzin davonschleicht.

Anfänglich weicht die Katze dem Sieger aus. Oder ist es doch der erfahrene Beobachter, der hier wieder eine Chance zur Fortpflanzung bekommt?
Er sucht und verfolgt sie. Schließlich kommen sich die beiden näher, stupsen mit den Köpfen zusammen und tollen herum. Können sich beide gut »riechen«, kommt es zur Paarung.
Vielleicht denkst du nun, dass die beiden zusammenbleiben und der Kater mithilft, die Jungen zu versorgen. Doch das ist ein Irrtum. Der Kuder verlässt rasch wieder das Wohngebiet der Katze und macht sich zur nächsten Katzendame auf den Weg.

Trächtig

Die Kätzin spürt, wenn sie trächtig ist. Ansehen könntest du ihr das lange nicht. Aber sie macht sich auf die Suche nach einem passenden Versteck. Die Wurfhöhle kann ein alter Fuchs- oder Dachsbau sein oder eine kleine Erdhöhle unter dem Wurzelteller eines umgestürzten Baumes, gut versteckt durch undurchdringbares Gestrüpp. Manchmal ist es auch eine große Baumhöhle *(Bild rechts oben)*: Trocken muss die Höhle sein, damit die Jungen in den ersten Wochen auch bei Nässe und Kälte gute Überlebenschancen haben.

Geburt im Verborgenen

Die meisten Wildkatzenjungen werden im April oder Mai geboren. Nach 63 bis 68 Tagen zieht sich die Kätzin zur Geburt in die Wurfhöhle zurück.
In rascher Folge kommen drei bis vier Junge zur Welt. Es sind kleine, puschelige Fellknäule mit ockerfarbenem Grundfell und kräftigen, dunklen Streifen.
Jedes Kätzchen wiegt ungefähr 80 bis 160 Gramm. Die Kleinen sind völlig hilflos. Die Mutter durchbeißt während der Geburt die Nabelschnur, leckt die Fruchthülle ab und ihr Junges trocken. Dann stupst sie das völlig hilflose, blinde und taube Junge zu ihren Zitzen.
Die erste Milch ist besonders nahrhaft und verhilft den Jungen zu einem guten Start.

Mit 7 bis 10 cm Körperlänge hätte so ein Minikätzchen noch Platz auf unserer Hand.
Beim Säugen liegt die Mutterkatze auf der Seite. Die Kleinen treten mit ihren winzigen Pfötchen gegen die Milchdrüsen und regen damit einen guten Milchfluss an. Die Zeit des Säugens ist sehr wichtig.
Der Duft jeder Katzenfamilie ist einzigartig und ermöglicht Mutter und Jungen, sich immer wiederzuerkennen.

Wochenstube

Nach einer Woche öffnen sich langsam die Augen, erst einen Spalt breit, dann schließlich vollständig. So richtig sehen können die Kleinen noch nicht.
Die Augen sind noch blau.
Immer wieder putzt die fürsorgliche Katzenmutter ihre Jungen mit ihrer rauen Zunge sauber. Die Zunge ist so rau, weil sie mit winzigen Hornstacheln besetzt ist. Damit wird das Fell regelrecht gekämmt und von Knoten und Schmutz befreit. Die Katzenmutter massiert dabei gleichzeitig den Bauch und regt damit die Verdauung der Kleinen an. Den Kot und Urin der ersten Zeit schleckt sie auf. Die Katzenkinderstube muss sauber bleiben, damit keine Gerüche gefährliche Feinde anlocken.
Sobald sie etwas größer sind, bleibt die Mutter manchmal zum Säugen in der Sitzposition. Die jungen Kätzchen schlafen danach und verhalten sich recht ruhig. Gut so, denn wenn Mutter auf Jagd ist, muss es leise sein, kein Laut soll aus der Höhle dringen.
Mit zunehmender Seh- und Hörfähigkeit werden die Katzenkinder mobiler.
Sie purzeln in der Höhle herum, spielen und balgen, bis die Mutter kommt.

Guck mal, die Welt!

Mit drei bis vier Wochen hat sich auch ihr Gewicht mindestens verdreifacht und mit einer weiteren Woche ist der Unternehmungsgeist schon so groß, dass sie erstmalig aus der Höhle herausschlüpfen und neugierig die Welt betrachten. Zuerst schauen sie mit ihren kleinen, noch blauen Augen nur einmal vorsichtig aus dem Höhleneingang. Tag für Tag werden sie nun mutiger, sitzen und spielen in der Sonne , rennen aber beim leisesten Geräusch und der geringsten Bewegung im Gebüsch zurück in die Höhle.

Sogar ihr Geschäftchen erledigen sie nun draußen. Sie raufen und trainieren, damit sie so geschickt wie ihre Mama werden. Zum Glück bleiben sie in der Nähe des Höhleneingangs. So können sie bei Gefahr schnell wieder ins Versteck schlüpfen. Für Füchse, Marder und Wiesel sind kleine Katzen absolute Leckerbissen.

Flucht

Wird es gefährlich am heimischen Unterschlupf, bringt die Katzenmama ihre Jungen in Sicherheit. Sind sie noch zu klein, um ihr zu Fuß zu folgen, packt sie eines nach dem anderen im Nacken und schleppt es in ein neues Versteck. Dabei hängen die Kleinen völlig unbeweglich in der sogenannten Tragstarre im Maul der Mutter. So gibt es keine Verletzungen durch die scharfen, spitzen Zähne. Ein Junges nach dem anderen gelangt so sicher in das neue Versteck.

Sind die Jungen groß genug, um zu folgen, lockt die Mutter sie mit besonderen Rufen. Über Stock und Stein geht es durch den Wald. Doch oh Schreck, wenn nun eines dabei verloren geht? Vielleicht hat es die Hürde über die dicke Baumwurzel nicht geschafft und bleibt unfreiwillig zurück. Ein Junges allein im Wald ist unzähligen Gefahren ausgesetzt. Es würde nicht überleben. Aber meist geht alles gut, die Mutter sucht ihr Junges und führt es zu den anderen. Erschöpft kuscheln sie sich im neuen Zuhause zusammen.

Unter solch einem Wurzelteller eines umgestürzten Baumes hatte die Wildkatzenmutter ihre Jungen versteckt.
Als die Waldarbeiter kamen, mussten sie eilig den Platz räumen.

Unter den wachsamen Augen der Mutter lässt es sich ausgelassen und gefahrlos spielen oder kuscheln.

Heute gibt es Maus

**Mit acht Wochen fallen die Milchzähnchen aus und die bleibenden Zähne der kleinen Jäger ermöglichen ihnen die erste, wenn auch zaghafte, Mäusemahlzeit.
Schwungvoll wirft die Mutter ihren Jungen die Beute vor die Pfoten. Mit den kleinen Nasen wird das fremde Tier beschnuppert. Es bewegt sich nicht, aber es riecht interessant. Zaghaft beginnen die Jungen zu fressen. Von nun an gibt es regelmäßig Maus.**

Gemeinsame Jagd mit Mama

Der Appetit der Kleinen wächst ständig. Es ist Zeit, die Mutter auf die Jagd zu begleiten. Vorsichtig tapsen sie hinter ihr her, bloß nicht verloren gehen im tiefen Wald.
Die Mutter ist eine gute Lehrmeisterin. Die Jungen lernen das Anschleichen und Belauern und eines Tages schleppen sie ihre erste eigene Maus im Maul herum.

Das Jagen ist ihnen zwar angeboren, aber die Geschicklichkeit muss geübt werden. Kleine Katzen verfügen über eine tolle Beobachtungsgabe.

Bald erwachsen

Sind die Jungen fünf Monate alt, steht die Trennung von der Mutter bevor. Mama Wildkatze möchte wieder ihrer eigenen Wege gehen. Die Jungen müssen nach eigenen Revieren suchen. Manchmal bleiben die weiblichen Tiere noch in der Nähe der Mutter, aber die jungen Kuder müssen weiter weg ziehen. Mit acht Monaten sind sie in jedem Fall selbstständig genug, denn schließlich sind Wildkatzen schon mit ungefähr zehn Monaten selbst paarungsbereit.

Selten überlebt ein ganzer Wurf. Manchmal bleibt nur ein einziges Kätzchen übrig. Schlechtes Wetter und wenig Nahrung, Störungen rund um das Versteck, tierische Feinde oder menschliche Störenfriede haben die schwächeren Jungen auf dem Gewissen.

Katzenstimmung

Wer eine Katze hat, kennt ihr besonderes Verhalten: Du weißt genau, dass du deine Hand lieber wegnimmst, wenn sie dich anfaucht. Sie warnt, ehe sie mit ausgefahrenen Krallen zuschlägt.

Wildkatzen zeigen die gleichen Verhaltensweisen wie Hauskatzen. Aufgeregt stellen sie den Schwanz gerade nach oben. Sie peitschen wütend damit, wenn ein Konkurrent ins Revier vordringt.
Sie machen einen Buckel und sträuben das Fell, um größer und furchterregender auszusehen oder ducken sich bei Gefahr flach auf den Boden.
Beim Fauchen *(unten)* **zeigen sie die Zähne, beim Gähnen** *(oben rechts)* **nicht.**

Feinde

Der gefährlichste Feind der Wildkatze ist unser Straßenverkehr.
Vor allem junge, unerfahrene Wildkatzen, die sich nach spätestens acht Monaten von der Mutter getrennt haben und auf der Suche nach einem eigenen Revier sind, fallen Autos zum Opfer.
Die Vernichtung ihres ungestörten Lebensraumes und dauernde Beunruhigung stehen sicherlich an zweiter Stelle.

Natürliche Feinde in Gestalt von Fressfeinden gibt es nur wenige. Betroffen von diesen sind meist Jungtiere im Nest oder wenige Wochen alte, die sorglos außerhalb des Baus unbeaufsichtigt spielen oder herumstromern. Für sie können Fuchs, Dachs und Uhu gefährlich werden, mancherorts vielleicht auch See- und Steinadler sowie andere kräftige Greifvögel.
Eine mögliche Gefahr wären auch Luchs und Wolf, doch die sind eher selten und sicher lieber auf andere Beutetiere aus.

Zauberhafte Katzen

Katzen waren schon für viele unserer Vorfahren magische Tiere. Stets wird ihre Eigenständigkeit und Freiheitsliebe betont. In der nordischen Mythologie gab es die Göttin Freya, die Göttin der Liebe und Ehe. Sie fuhr auf einem Wagen, der von zwei Katzen gezogen wurde.

Auch im alten Ägypten waren Katzen heilig und die Göttin Bastet, Göttin der Liebe, Fruchtbarkeit und Beschützerin der Schwangeren, wurde mit einem Katzenkopf dargestellt, später sogar einfach nur als sitzende Katze.

Bei Ausgrabungen in Ägypten fand man zahlreiche Katzenskulpturen und sogar mumifizierte echte Katzen als Grabbeigaben. Es wurde sogar ein ganzer Katzenfriedhof mit sorgfältig mumifizierten Katzen entdeckt.

Schon Jahrtausende bevor die ersten Hauskatzen von den Römern nach Europa gebracht wurden, gab es in den germanischen Wäldern Wildkatzen. Nie scheinen die damals hier lebenden Menschen auf die Idee gekommen zu sein, diese zu zähmen.
Oder ist es ihnen nicht gelungen? Man weiß es nicht.
Die dann vor etwa 2300 Jahren nach Europa gebrachte Hauskatze war lange zuvor in Nordafrika aus der Nubischen Wildkatze gezüchtet worden.

Jahrhundertelang schätzte man Katzen als Mäuse- und Rattenjäger, die die Vorräte der Menschen »schützten«. Deshalb wurde eine Katze teuer gehandelt und kostete fast so viel wie eine Kuh.

Im Mittelalter kam die Kirche dann allerdings auf die Idee, Katzen zu verteufeln und bezichtigte sie mit Hexen im Bunde zu sein. Nicht nur, dass rothaarige Frauen als Hexen verbrannt wurden, vor allem schwarze Katzen wurden gleich lebendig mit verbrannt. Die Strafe der Natur folgte: Katzen hatten Ratten und Mäuse gefangen und mit ihnen deren Ungeziefer, die Flöhe, Träger des Pestbakteriums, vernichtet. Nun breitete sich die Pest in Europa aus, von 75 Millionen Menschen starben 25 Millionen!

Heute ist die Hauskatze bei uns das beliebteste Haustier. Sie ist sehr unterschiedlich gefärbt und insgesamt zierlicher. Obwohl sie in der Fellzeichnung der Wildkatze zuweilen ganz ähnlich sieht, stammt sie eben nicht von dieser ab. Leben Wildkatzen in der Nähe streunender Hauskatzen und sind keine Artgenossen vorhanden, kommt es sehr selten zu Paarungen und Mischlingsnachkommen, die sich weiter vermehren können. Diese Mischlinge werden in der Fachsprache »Blendlinge« genannt.

Der Traum der Freiheit

Wer ist schon frei und kann machen, was er will? Kaum einer von uns.
Aber die Tiere, die durch die Natur streifen, erscheinen uns so bewundernswert frei und ursprünglich.
Sie verkörpern die tief in uns verwurzelte Sehnsucht nach Freiheit. Das macht sie so spannend und unser Interesse für wilde Tiere bleibt deshalb ungebrochen.

Wir alle können durch unser eigenes Verhalten dafür sorgen, dass Natur- und Klimaschutz nicht nur auf dem Papier bearbeitet werden. Wir müssen aktiv mithelfen, Lebensräume zu erhalten und Tier- und Pflanzenarten zu bewahren.
Wir lassen Wildtiere deshalb auch in Ruhe, fassen sie nicht an und schleppen sie nicht nach Hause. Ihr Platz bleibt in der Freiheit.

Der Arbeit zahlreicher Naturschützer ist es zu danken, dass sich die Wildkatze wieder ausbreiten konnte. Mit Pflanzungen von Hecken und Gebüschen, dem Anlegen von grünen Brücken über Autobahnen haben sie entscheidend dazu beigetragen, dass sich die Wildkatze wieder vermehrt und ausbreitet.
Und jede einzelne Wildkatze in einem intakten Gebiet hat nun die Chance, mindestens zehn Jahre alt zu werden.
Drücken wir den kleinen Jägern die Daumen!

Unsere weiteren Fotosachbücher: brillant, informativ,

978-3-930038-45-9

978-3-930038-13-8

978-3-930038-24-4

978-3-930038-17-6

978-3-930038-74-9

978-3-930038-15-2

978-3-930038-04-6

978-3-930038-64-0

978-3-930038-90-9

978-3-930038-38-1

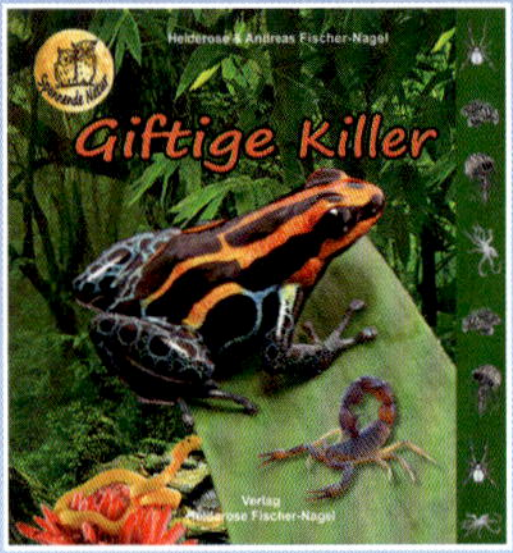

978-3-930038-95-4

978-3-930038-25-1

978-3-930038-87-9

978-3-930038-46-6

978-3-930038-47-3

978-3-930038-63-3

978-3-930038-31-2

978-3-930038-36-7

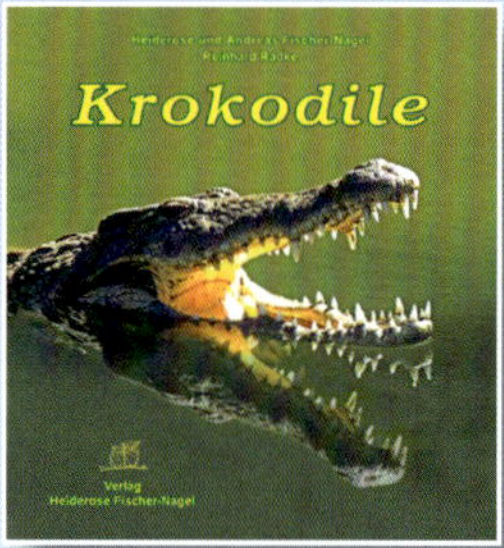

978-3-930038-35-0

978-3-930038-73-2

In Ihrer Buchhandlung oder Verlag Heiderose Fischer-Nagel, Brunnenstraße 7, D-34286 Spangenberg-